essentials

essentials liefern aktuelles Wissen in konzentrierter Form. Die Essenz dessen, worauf es als „State-of-the-Art" in der gegenwärtigen Fachdiskussion oder in der Praxis ankommt. *essentials* informieren schnell, unkompliziert und verständlich

- als Einführung in ein aktuelles Thema aus Ihrem Fachgebiet
- als Einstieg in ein für Sie noch unbekanntes Themenfeld
- als Einblick, um zum Thema mitreden zu können

Die Bücher in elektronischer und gedruckter Form bringen das Expertenwissen von Springer-Fachautoren kompakt zur Darstellung. Sie sind besonders für die Nutzung als eBook auf Tablet-PCs, eBook-Readern und Smartphones geeignet. *essentials:* Wissensbausteine aus den Wirtschafts-, Sozial- und Geisteswissenschaften, aus Technik und Naturwissenschaften sowie aus Medizin, Psychologie und Gesundheitsberufen. Von renommierten Autoren aller Springer-Verlagsmarken.

Weitere Bände in dieser Reihe http://www.springer.com/series/13088

Barbara Hey · Manuel Lauer

China-Kompetenz für Wissenschaftler

Barbara Hey
Zentrum für Europäische
Wirtschaftsforschung GmbH (ZEW)
Mannheim, Deutschland

Manuel Lauer
Zentrum für Europäische
Wirtschaftsforschung GmbH (ZEW)
Mannheim, Deutschland

ISSN 2197-6708 ISSN 2197-6716 (electronic)
essentials
ISBN 978-3-658-18543-5 ISBN 978-3-658-18544-2 (eBook)
DOI 10.1007/978-3-658-18544-2

Die Deutsche Nationalbibliothek verzeichnet diese Publikation in der Deutschen Nationalbibliografie; detaillierte bibliografische Daten sind im Internet über http://dnb.d-nb.de abrufbar.

Springer Gabler

Gedruckt auf säurefreiem und chlorfrei gebleichtem Papier

Springer Gabler ist Teil von Springer Nature
Die eingetragene Gesellschaft ist Springer Fachmedien Wiesbaden GmbH
Die Anschrift der Gesellschaft ist: Abraham-Lincoln-Str. 46, 65189 Wiesbaden, Germany

Was Sie in diesem *essential* finden können

- Sie verstehen, warum es Unterschiede in der Arbeitsweise und der Erwartungshaltung gibt und woher diese Unterschiede rühren.
- Sie erlangen ein Verständnis der geschichtlichen und gesellschaftlichen Motive, die bis heute den privaten und wissenschaftlichen Alltag bestimmen.
- Sie können sich im institutionellen und politischen Umfeld Chinas orientieren.
- Sie machen sich mit grundlegenden kulturellen Unterschieden vertraut.
- Sie können unerwartete Verhaltensweisen in der Zusammenarbeit antizipieren und nachvollziehen.
- Sie erkennen sich in den zahlreichen Beispielen wieder oder fühlen sich durch die Veranschaulichung gut vorbereitet.

Inhaltsverzeichnis

Über die Autoren

Barbara Hey arbeitet seit mehr als 19 Jahren als Trainerin und systemischer Coach am renommierten Zentrum für Europäische Wirtschaftsforschung. Sie gehört zu den wenigen Trainern in Deutschland, die auf sich die Qualifizierung von Wissenschaftlerinnen und Wissenschaftlern im Bereich der sogenannten „Soft Skills“ spezialisiert haben.

Barbara Hey blickt auf eine langjährige Erfahrung bei interkulturellen Seminaren und Coachings in deutscher und englischer Sprache zurück.

Ihr Buch „Präsentieren in Wissenschaft und Forschung“ erschien 2011.

Manuel Lauer studierte Wirtschaft und moderne Sinologie in Deutschland und China. Am Zentrum für Europäische Wirtschaftsforschung ist er als Leiter internationaler Qualifizierungsprogramme sowie Berater und Trainer für deutsche und asiatische Teilnehmergruppen tätig.

Manuel Lauer gibt Seminare in Deutschland und Asien, vermittelt Kontakte und unterstützt wissenschaftliche Institutionen bei der Anbahnung von Forschungskooperationen. Leben und Arbeiten in China mit unterschiedlichsten Hierarchiestufen haben sein Feingefühl für die entscheidenden Unterschiede geschärft und fließen in seine tägliche Arbeit mit Partnern unterschiedlicher Kulturkreise ein.

1 Einleitung

> Die Kooperation mit China ist somit für Deutschland eine „unvermeidbare Chance“ (Johanna Wanka).

China arbeitet gezielt an seiner wissenschaftlichen Exzellenz. Der von der chinesischen Regierung wissenschaftspolitisch eingeschlagene Kurs signalisiert ganz klar: Auf dem Weg zur Technologiespitze der Welt soll einstige Produktpiraterie eigener Innovation weichen. Dass dies nicht nur leere Drohungen sind, hat auch die deutsche Politik erkannt und strebt nun nach den bereits geknüpften wirtschaftlichen Banden zwischen beiden Ländern auch immer engere Kooperationen in der Wissenschaft an. Das war mehr als Motivation genug dieses *essential* aufzulegen, um deutschen Forschern und Technikern erstes Rüstzeug an die Hand zu geben, damit Sie problemlos mit chinesischen Kollegen zusammenzuarbeiten können.

Wenn Sie zu der immer größer werdenden Gruppe gehören, die einen Forschungsaufenthalt in China planen, vermehrt mit chinesischen Firmen und Institutionen zusammenarbeiten oder immer häufiger chinesische Delegationen empfangen und sich passgenauere Informationen wünschen, als sie die vielen Business-Knigges am Markt liefern können, sind die folgenden Seiten der richtige Einstieg für Sie. Wir präsentieren Ihnen die Essenz jahrelanger eigener Erfahrung in der Zusammenarbeit mit chinesischen Partnern und immer stärker nachgefragten Seminaren zur wissenschaftlichen Kooperation mit China. Die Weichenstellung der chinesischen Regierung lässt sich klar im aktuellen Fünfjahresplan der Volksrepublik ablesen. Hier werden die volkswirtschaftlichen Aktivitäten zentral geplant und für den Zeitraum von 2016 bis 2020 festgelegt, welche Bereiche und Branchen besonders gefördert werden sollen. In diesem ersten Strategiepapier dieser Art unter der Ägide von Staatspräsident Xi Jinping (sprich: Chi Dchinping) hat sich China große Ziele gesetzt. Die Volkswirtschaft soll jährlich um mindestens 6,5 % wachsen und

B. Hey und M. Lauer, *China-Kompetenz für Wissenschaftler,*
essentials, DOI 10.1007/978-3-658-18544-2_1

das grandiose Wachstum der letzten Jahrzehnte soll nun auch endlich an der Basis der Bevölkerung ankommen und insgesamt den Lebensstandard verbessern. Ein weiterer Fokus in der strategischen Ausrichtung Chinas liegt im weiteren Ausbau der Förderung und einer strikten Modernisierung der Wissenschaft. Die Ausgaben für Forschung und Entwicklung sollen stetig auf 2,5 % des Bruttoinlandsprodukts wachsen und berufsbildende und akademische Studiengänge sollen genauer abgegrenzt werden. Hochschulen sollen innovative Lernkonzepte anwenden, um in die Top-Rankings der Welt vorzustoßen. Die Transformation von „made in China“ zu „created in China“ ist erklärtes Ziel (vgl. [9]).

All dies bestätigt die Entwicklungen der letzten Jahre, die auch das Bundesministerium für Bildung und Forschung (BMBF) zu seiner gegenwärtigen China-Strategie veranlasst haben. Es stelle sich zum heutigen Zeitpunkt nicht mehr die Frage, ob die deutsche Wissenschaft mit China kooperieren soll, sondern auf welche Art dies zum größtmöglichen Nutzen aller Beteiligten möglich sei. Bereits im Grußwort konstatiert Ministerin Johanna Wanka „Die Akteure der deutschen Forschungs- und Wissenschaftslandschaft haben großes Interesse daran, an den Entwicklungen in China zu partizipieren […]“, die Kooperation mit China sei mehr noch eine „unvermeidbare Chance“ [2].

Die Berührungsängste diese Chance für sich zu nutzen sind allerdings bei vielen deutschen Forschenden noch groß. Chinesische Wissenschaft kann oft nur ungenau eingeschätzt werden. Dies betrifft neben dem Wissenschaftsumfeld häufig besonders den Umgang mit chinesischen Wissenschaftlern. Für eine erfolgreiche Kooperation ist daher auch laut dem BMBF neben fachlicher und inhaltlicher Kompetenz vor allem China-Kompetenz in sprachlicher und interkultureller Sicht wichtig. Diese in Deutschland noch auf breiter Basis vorhandene Lücke versuchen wir mit diesem *essential* zu schließen.

Fehlendes Wissen, Offenheit und Flexibilität in diesem Bereich stellen die Hauptgründe für problematische oder gescheiterte Kooperationen mit chinesischen Partnern dar. Wer sich an vermeintlichen Fehlern im Denken und Handeln, sprich den „Symptomen“ eines Kooperationspartner aufreibt und abarbeitet ohne Erwartungen, Einstellungen und Werte des Anderen zu kennen, läuft große Gefahr, die eigentliche Ursache des Problems zu übersehen. Es ist wichtiger, die weniger offensichtlichen und unsichtbaren Elemente einer Kultur zu kennen, als einfache Verhaltensweisen – wie beispielsweise das richtige Übergeben der Visitenkarte – unreflektiert auswendig zu lernen.

Den Grund hierfür liefert das Kulturebenen-Modell des amerikanischen Organisationspsychologen Edgar Schein (vgl. [12]). Wenn wir seiner Idee folgen, dann wird Kultur maßgeblich durch unausgesprochene Grundannahmen von Menschen (der sogenannten 3. Ebene) gespeist. Diese erlernte „Weltanschauung“ oder auch

„Religion“ bildet das Fundament der Kultur und wird selten infrage gestellt, da sie als selbstverständlich gilt. Als grundlegenden Orientierungs- und Handlungsrahmen beinhaltet die 3. Ebene Aspekte wie das Menschenbild und die Beziehungen zu anderen Menschen, aber auch Überzeugungen über Raum, Zeit und Wahrheit. Diese Ebene wird durch die geschichtliche Entwicklung, Religion und Philosophien geprägt. Darüber findet sich die 2. Ebene mit Normen und Werten. Sie beschreibt in einer Kultur die Vorstellung und Standards, also so „wie die Dinge sein sollten“ und äußert sich beispielsweise in ungeschriebenen Verhaltensrichtlinien oder Verboten (z. B. Ziele einer Kultur, Hierarchie, Status und Macht). Die erste Ebene dieses Modells besteht aus den sicht und greifbaren Charakteristika (z. B. Landessprache, Kleidungsmode, Sportarten).

Wir möchten im vorliegenden *essential* daher wie folgt vorgehen. Im einführenden Kapitel „China im Überblick“ werden Sie mit der Geschichte, der Philosophie und den sozio-politischen Aspekten Chinas bereits die wichtigsten Grundannahmen der chinesischen Kultur kennenlernen. Ihnen wird grundlegende Landeskenntnis und Wissen über das Wissenschaftsumfeld vermittelt. Dies dient als Basis für ein tieferes Verständnis von Verhaltensweisen und Artefakten (Ebene 2 und 1) in der Kooperation mit Chinesen, wie sie im darauffolgenden Teil beschrieben werden. Hier werden Sie für den Alltag der wissenschaftlichen Kooperation gerüstet.

China im Überblick 2

China ist ein großes Land, in dem viele Chinesen leben (Charles de Gaulle).

Das viertgrößte und gleichzeitig bevölkerungsreichste Land der Erde in der Kürze zu beschreiben, ist ein ambitioniertes Unterfangen. Die geografische Ausdehnung und gesellschaftliche Vielfalt zwingen zu einer Konzentration auf das Wesentliche und lenken das Augenmerk auf wenige, das Land und die Menschen definierende Aspekte. Diese geben gute Anhaltspunkte für die eigene Einschätzung der chinesischen Besonderheiten und ermöglichen es, Unterschiede im wissenschaftlichen Alltag und im täglichen Miteinander nachzuvollziehen.

2.1 Chinas Geschichte

Ein Verständnis für Chinas Gegenwart führt den Blick zwangsläufig auf seine Vergangenheit. Als eines der wenigen großen Staaten der Welt wurde es nie von westlichen Mächten kolonialisiert, sondern hat über seine lange Geschichte hinweg seine Kulturhoheit erhalten und behauptet. Auch aus diesem Grund ist uns China heute noch so fremd, mehr noch als dies für etwa Indien oder auch Lateinamerika zutrifft.

B. Hey und M. Lauer, *China-Kompetenz für Wissenschaftler*,
essentials, DOI 10.1007/978-3-658-18544-2_2

Den Stolz auf diese sogenannte „5000 jährige", ununterbrochene Geschichte (siehe Abbildung für eine Übersicht ausgewählter Einschnitte) und die Errungenschaften der Gesellschaft entnehmen Sie beinahe jeder Unterhaltung mit Chinesen.

„5.000 JAHRE" CHINESISCHE GESCHICHTE

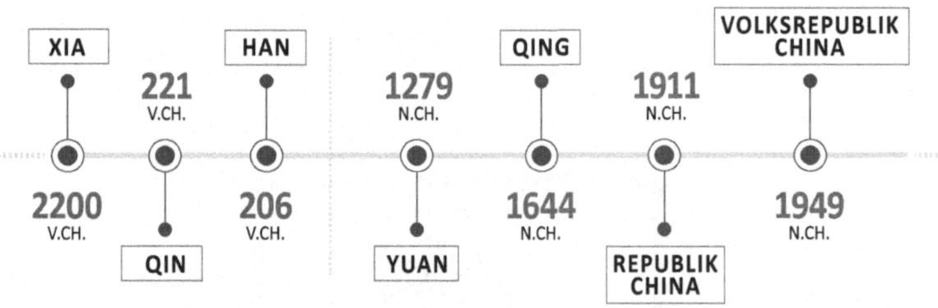

Die erste Dynastie nach chinesischer Rechnung, die Xia (sprich: Chia) Dynastie wird auf etwa 2200 v.Chr. datiert (vgl. [6]). Auf diese, von einigen westlichen Historikern aufgrund unzureichender archäologischer Beweise bestrittene Dynastie, folgten weitere Herrschaftshäuser bis zur Qing (sprich: Tching) Dynastie, dem letzten Kaiserhaus Chinas, bevor 1911 eine Republik ausgerufen wurde. Bemerkenswert ist hier beispielsweise die kurzlebige Qin (sprich: Tchin) Dynastie, während der der erste Kaiser Qin Shihuangdi landesweite Standards festlegte und die zahlreichen Variationen der chinesischen Schrift vereinheitlichte. Ihr folgte die Han Dynastie um die Zeitenwende. In diese rund 400 Jahre fällt eine erste kulturelle Blütezeit Chinas, in der die zentrale Staatsmacht gefestigt wurde. Die Han Dynastie konnte bisherige Errungenschaften während langer Friedenszeiten verstetigen und den Konfuzianismus zur offiziellen Staatsdoktrin machen. Die größte Bevölkerungsgruppe Chinas führt sich darauf zurück und bezeichnet sich bis heute als „Han Chinesen". Die Konsistenz und Konstanz der Geschichte, die jedem Schüler im Detail mit auf den Lebensweg gegeben werden, bewegt China zu der Behauptung, der eigene Ursprung sei gleichermaßen Wiege und über lange Strecken der globalen Entwicklung auch Nabel der menschlichen Kultur. Daher ist Chinas Eigenbezeichnung bis heute „Reich der Mitte".

Die Machtübergänge von Herrscherhaus zu Herrscherhaus werden auch als dynastischer Zyklus bezeichnet. Einem Kreislauf folgend konsolidiert eine neue Dynastie ihre Macht, schafft durch gute Regierung eine Zeit des Friedens und des Wohlstandes und wird dann, wenn diese Konditionen nicht aufrechterhalten werden können, in einem Umsturz von dem nächsten Kaisergeschlecht abgelöst. Die Legitimation der Regierung entspringt dabei einem „Mandat des Himmels", vergleichbar mit der „Herrschaft von Gottes Gnaden" christlicher Könige. Missernten,

Wohlstandsrückgang und gesellschaftliche Unruhen sind nach diesem Verständnis ein Zeichen für den Entzug des Mandats und rechtfertigen daher, nach erfolgreichem Putsch, den Regierungswechsel und den Machtübergang. Es ist daher kein großer Schritt zu argumentieren, dass es sich beim Übergang des Kaiserreiches zur Republik 1911 und dann 1949 zur Ausrufung der Volksrepublik durch Mao lediglich um weitere Übergänge im zyklischen System handelt. Auf die Festigung der Macht der kommunistischen Partei folgte eine andauernde Phase des Wohlstandes und des wirtschaftlichen Wachstums. Solange das Bruttoinlandsprodukt annährend zweistellig wächst, hat die kommunistische Partei das Mandat und das Recht zu regieren. Nach chinesischer, historischer Auslegung erhalten sie dieses Mandat vom Himmel, nicht vom Volk, wie etwa in einer westlichen Demokratie. Dies und der Fokus auf Beständigkeit mögen das vergleichsweise geringe Aufbegehren der chinesischen Bevölkerung gegen ein nach westlicher Auffassung nicht legitimiertes System erklären.

Der stark ausgeprägte Stolz auf die eigene Herkunft rührt jedoch nicht nur vom frühen Anfang der eigenen Geschichte, sondern auch von der Überzeugung der Überlegenheit der eigenen Kultur. Obwohl im Laufe der chinesischen Geschichte nicht immer ein Chinese auf dem Kaiserthron saß, blieben der Staat und seine Untertanen immer Chinesen. Ob nun während der Yuan (sprich: Jüän) Dynastie mongolische Khans oder während der Qing Dynastie mandschurische Herrscher das Machtzentrum Chinas bildeten, blieb die konfuzianische Lehre Basis der Regierung, die bestehende Beamtenstruktur Herrschaftsinstrument des immensen zentral regierten Reiches und Chinesisch Kommunikationsmittel der Staatsdiener und Gelehrten. Militärisch also unterlegen, triumphierten die kulturellen Errungenschaften bis in die Neuzeit immer über die Fremdkulturen. Diese wurden der chinesischen Kultur einverleibt, sie wurden sinisiert.

China stand über lange Zeiträume im internationalen Vergleich an der Spitze menschlicher Zivilisation und war im 14. Jahrhundert in vielen Bereichen der Wissenschaft, Mathematik, Ingenieurskunst und Staatenorganisation weltweit führend. Der dadurch nachlassende Innovationsdruck führte dann zu einem Abfallen der Entwicklungskurve und dem bösen Erwachen im 19. Jahrhundert mit der Erkenntnis, dass der Westen nun weit überlegen ist. So beschreibt es die Theorie der „High-Level Equilibrium Trap" von Mark Elvin (vgl. [3]), die nachvollziehbar erklärt, warum sich das Blatt im Wettstreit um die globale Hegemonialstellung so drastisch gewendet hat und dem Westen die Möglichkeit gab, mit der Industriellen Revolution einen wirtschaftlichen und damit verbundenen kulturellen Siegeszug zu beginnen. Die daraus resultierende heutige Vormachtstellung ist nach chinesischer Hoffnung nur temporär.

2.2 Prägende Entwicklungslinien der Neuzeit

Neben historisch bedingten Verhaltensmustern wirken sich auch Ereignisse der jüngeren Geschichte auf das Gebaren Chinas innerhalb der internationalen Gemeinschaft auf der einen Seite und auf die Einstellungen innerhalb der chinesischen Gesellschaft auf der anderen Seite aus (siehe Abbildung).

FÜNF PRÄGENDE ENTWICKLUNGSLINIEN

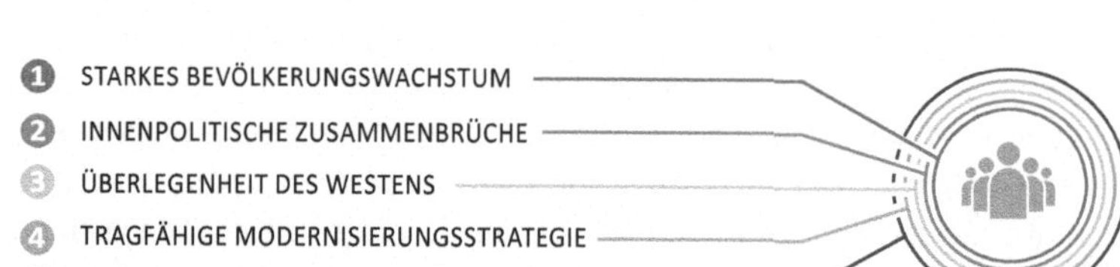

Wie in vielen anderen Industriestaaten setzte mit Beginn des 19. Jahrhunderts ein starkes Bevölkerungswachstum in China ein, ein Wachstum, das es zum bevölkerungsreichsten Land der Welt werden ließ und schlussendlich die Regierung dazu veranlasste die Ein-Kind-Politik (1958–2015) zur Geburtenkontrolle einzuführen. Im Jahr 1850 umfasste die chinesische Bevölkerung etwa 400 Mio. und stieg bis 1950 auf ungefähr 560 Mio. an (vgl. [11]). Bei der letzten Volkszählung 2011 hatte sich dieser Wert noch einmal mehr als verdoppelt und ist nach letzten Schätzungen auf über 1,3 Mrd. Menschen angewachsen. Bei gleichzeitiger starker Ungleichverteilung der Bevölkerung über die verschiedenen Regionen des Landes wird schnell klar, dass etwa Bildungssystem, Infrastruktur und medizinische Versorgung in ihrer Entwicklung nur mit Mühe Schritt halten können und es zu sozialen Spannungen kommt.

Diese kulminierten in verschiedenen innenpolitischen Ordnungszusammenbrüchen der rezenten Vergangenheit, die zum Teil noch den heutigen Generationen in lebendiger, schmerzlicher Erinnerung geblieben sind. Beispiele sind die Opiumkriege gegen Großbritannien Mitte des 19. Jahrhunderts, der Boxeraufstand gegen die scheidende letzte Dynastie um die folgende Jahrhundertwende oder der einschneidende Bürgerkrieg zwischen dem kommunistischen und nationalistischen Lager, den die kommunistische Partei Chinas 1949 letztendlich für sich entschied. Während der zehnjährigen Kulturrevolution ab 1966, einer von Mao Zedong ausgelösten politischen Kampagne, bei der ein innerparteilicher Machtkampf über das ganze Land ausgefochten wurde, kam es zu Verfolgungen und mehreren hunderttausend Toten. Die akademische Entwicklung des Landes stand still oder wurde gar zurückgeworfen. 1989 wurden studentische Demonstrationen gewaltsam niedergeschlagen, die die Reformbestrebungen der Sowjetunion auf China übertragen wollten. Die aktuelle politische und gesellschaftliche Elite hat diese Ereignisse miterlebt und räumt daher der innenpolitischen Stabilität höchste Priorität ein. Politische Reformen und individuelle Verwirklichung treten in der Regel dahinter zurück.

Neben der wahrgenommenen Bedrohung aus dem Inneren, sah sich China bei außenpolitischen Auseinandersetzungen einer eklatanten militärischen Überlegenheit des Westens und Japans gegenüber. Man hatte den modernen Streitmächten der ausländischen Barbaren und der des ehemaligen Vasallenstaates nichts entgegenzusetzen. Das eigene Selbstbild als technischer und kultureller Vorreiter, als Mitte der Welt, war zerstört. Die Konzentration auf Größe und Glanz der Vergangenheit führen zu einem anhaltenden Minderwertigkeitskomplex gegenüber dem dominanten Westen. Es gilt, die verlorene Führungsrolle schnellstmöglich wieder einzunehmen. Diese Ambition wird weiten Teilen der Bevölkerung vermittelt und von ihnen geteilt. Die vergangenen Jahrzehnte sind daher von der nachhaltigen Suche nach einer tragfähigen Modernisierungsstrategie geprägt, die die Entwicklungslücke zu den Industrienationen schließen soll. Die versuchten Entwicklungsexperimente waren dabei zum Teil verheerend. Beim Großen Sprung nach vorn etwa sollte innerhalb kürzester Zeit die Produktion von Eisen und Stahl angehoben werden, um zum Weltmarktführer aufzuschließen. Propagierte Planzahlen waren utopisch und nicht erreichbar. Pflugscharen und Werkzeuge wurden eingeschmolzen nur um in kleinsten Hochöfen in den Hinterhöfen minderwertiges, unbrauchbares Eisen herzustellen. Diese Misswirtschaft führte zusammen mit den anderen Initiativen der Kampagne und mit dieser Zeit zusammenfallenden Dürren und Überschwemmungen zu einer der größten Hungerkatastrophen der Menschheitsgeschichte. Schätzungen reichen von 15 bis 4 Mio. Verhungerten – ein krasser Einschnitt in der chinesischen Bevölkerungsentwicklung. Mit dem Einläuten der „Reform- und Öffnungspolitik“ ab 1978 begann eine Phase beispiellosen wirtschaftlichen Wachstums, welches weiterhin andauert.

China strebt immer noch nach einer zentralen Position auf der internationalen Bühne und sucht nach seinem Platz in der Staatengemeinschaft. Das durch die Geschichte bedingte Eigenverständnis verlangt, dass es sich dabei nur um eine Führungsposition innerhalb dieser Gemeinschaft handeln kann. Bislang werden dabei teilweise noch quantitative Ziele qualitativen vorangestellt. Die Geschichte, ihre Traumata und die andauernde Selbstfindung erklären, warum China an jeglichen Gebietsansprüchen festhält oder andere Mächte im pazifischen Raum konsequent ablehnt. Mit fortschreitender Entwicklung und Konsolidierung ist die nun zweitgrößte Volkswirtschaft jüngst allerdings auch bereit, bei Themen wie Umweltschutz und Terrorbekämpfung international politische Verantwortung zu übernehmen. Beispielsweise werden Machtvakua wie innenpolitische Schwächen der USA erkannt und augenblicklich gefüllt, indem sich der chinesische Staatspräsident zum Freihandel und Austausch bekennt. China tritt selbstbewusst auf und ist gewillt seine Rolle als wirtschaftliches, politisches und wissenschaftliches Schwergewicht einzunehmen.

2.3 Politik und Staat

Der chinesische Staat ist als sozialistisches, autoritäres Einparteiensystem in Form einer Volksrepublik organisiert. Zunächst an das Modell der ehemaligen Sowjetrepublik angelehnt, haben System und auch Ideologie mit der Zeit, besonders im Zuge der wirtschaftlichen Öffnung, eine immer stärkere chinesische Prägung bekommen. So wurde etwa das traditionelle System der sozialen Kontrolle stärker genutzt und Arbeitseinheiten waren bis kurz vor der Jahrtausendwende Basis für Zuteilung, Versorgung und Überwachung eines jeden Bürgers.

Die große Flexibilität und der allgegenwärtige Pragmatismus der Chinesen zeigen sich im Übergang zur Marktwirtschaft. Die damalige politische Führung stellte fest, dass es zur Erreichung einer sozialistischen Gesellschaft zunächst einmal nötig sei, den Wohlstand zu mehren. Hier schreckten die Reformer auch nicht vor dem westlichen System zurück. Seine Einführung war in China jedoch klaren Zielen geschuldet und basierte nicht etwa auf gemeinsamen Werten wie Individualismus und einer pluralistischen Gesellschaft (vgl. [5]).

Mit einer Fläche in der Größenordnung Europas ist China unterhalb der Zentralregierung in 33 administrative Einheiten gegliedert, die auf der gleichen Hierarchieebene stehen. 22 Provinzen sind fünf autonome Regionen und vier regierungsunmittelbare Städte sowie zwei Sonderverwaltungszonen gleichgestellt. Nach offiziellem Standpunkt kommt zu den Provinzen noch Taiwan hinzu, das de facto als Republik China einen souveränen Staat darstellt. Mit Blick auf den Rang politischer Funktionäre, steht also etwa der Bürgermeister der Stadt Peking auf einer Stufe mit dem Provinzgouverneur von Qinghai, einer Inlandprovinz, die etwas größer ist als Deutschland und Polen zusammen (siehe Abbildung).

Die Kontrolle und Allgegenwart der Politik ist auch bei wissenschaftlichen Kooperationen spürbar. Parteisekretäre finden sich an Universitäten, in großen Entwicklungsprojekten und Forschungsverbünden. Sie bekleiden außerhalb der Regierung nicht unbedingt die höchsten Ämter, besetzen jedoch häufig Schlüsselpositionen. Regierungs- und Parteikörperschaften sind oft kaum voneinander unterscheidbar und sind in ihren Strukturen spiegelbildlich aufgebaut.

Wichtigste politische Persönlichkeit Chinas ist Xi Jinping, Staatspräsident und in Personalunion Generalsekretär der Kommunistischen Partei. Er ist seit 2013 im Amt und wird für zwei Perioden von jeweils fünf Jahren vom Nationalen Volkskongress gewählt, also voraussichtlich bis 2023 an der Spitze des Staates stehen. Zweiter Mann im Staat ist Li Keqiang (sprich: Li Keatchiang). Er ist Chinas Ministerpräsident und gleichzeitig Vorsitzender des Staatsrates im gleichen Amtsturnus wie der Staatspräsident. Als Oberhaupt der Regierung nimmt der Ökonom großen Einfluss auf die wichtigsten politischen Teilbereiche, sodass die aktuelle Wirtschaftspolitik Chinas auch häufig als „Liconomics" bezeichnet wird.

Dass aber auch diese beiden Herren nicht unangefochten in China regieren und die politische Gewalt nicht ausschließlich von oben nach unten wirkt, zeigt

Abbildung. Die Politik der kommunistischen Partei und damit des Landes wird vom Zentralkomitee beschlossen und unterjährig vom Politbüro und dessen ständigen Ausschuss implementiert. Staatliche Behörden, besonders auf lokaler Ebene, üben ebenso Einfluss aus wie das Militär und staatseigene Betriebe. So ist es nur konsequent, dass diese Schlüsselpositionen bei einem Präsidentenwechsel regelmäßig neu mit den eigenen Befürwortern besetzt werden. In den letzten Jahren gewinnt auch der private Sektor immer mehr an Bedeutung. Vertreter privater Unternehmen betreiben Lobbyismus und das Internet verleiht der breiten Bevölkerung trotz starker Zensur eine Stimme.

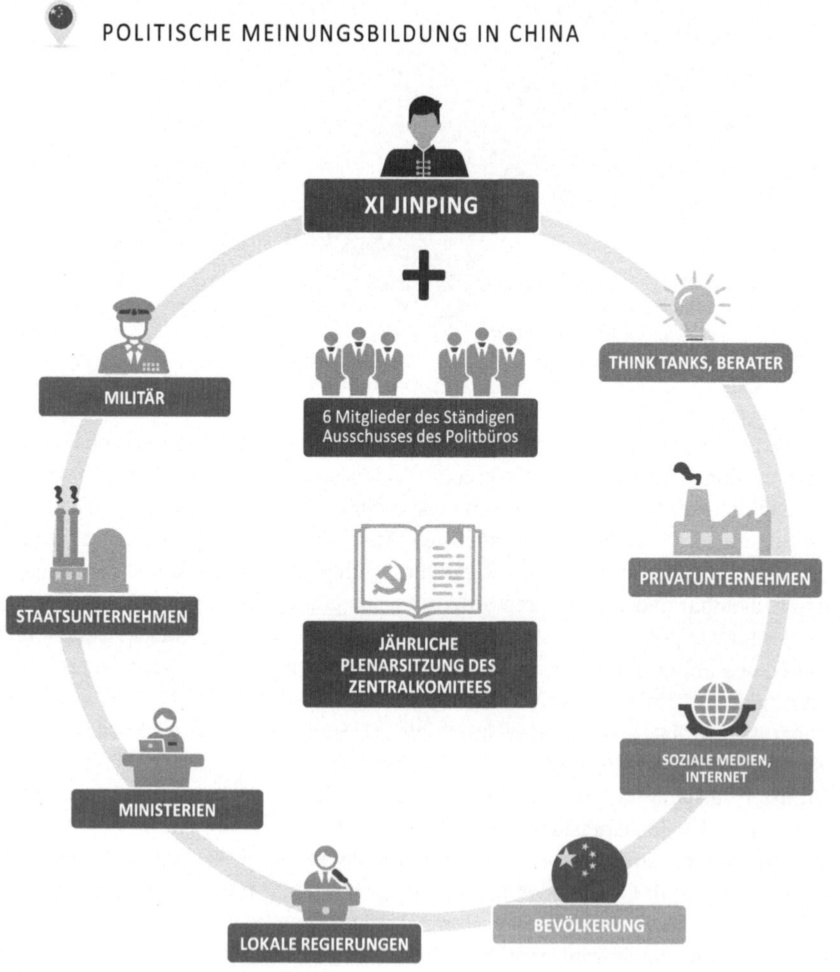

POLITISCHE MEINUNGSBILDUNG IN CHINA

XI JINPING

+

6 Mitglieder des Ständigen Ausschusses des Politbüros

JÄHRLICHE PLENARSITZUNG DES ZENTRALKOMITEES

THINK TANKS, BERATER

PRIVATUNTERNEHMEN

SOZIALE MEDIEN, INTERNET

BEVÖLKERUNG

LOKALE REGIERUNGEN

MINISTERIEN

STAATSUNTERNEHMEN

MILITÄR

2.4 Gesellschaft und Kultur

Über eine Milliarde Menschen lassen sich nicht in eine Schublade stecken. Trotzdem gibt es einige Gemeinsamkeiten, die sich auf die tägliche Kooperation auswirken und sich zudem als Small-Talk Grundlage anbieten.

Die Grundlage eines jeden konstruktiven Miteinanders ist der Versuch sich in das Gegenüber hineinzuversetzen. Zur Abstrahierung findet aber auf beiden Seiten natürlich eine Stereotypenbildung statt, wobei es allerdings ein Ungleichgewicht in der gegenseitigen Wahrnehmung und im Wissen über den jeweils anderen gibt. Eine regelmäßig aktualisierte Studie (vgl. [7]) zeigt, obwohl sehr viel mehr Deutsche bereits Kontakt mit der chinesischen Kultur oder chinesischen Personen hatten, schlägt sich dies nicht in einer umfassenderen Landeskenntnis der Deutschen nieder. Kaum jemand kennt etwa in Deutschland chinesische Prominente oder politische Entscheider. Umgekehrt wird Deutschland in China deutlich stärker und differenzierter wahrgenommen. Insgesamt hat Deutschland bei den Chinesen eines der besten Images weltweit. Umgekehrt schätzen Deutsche Chinesen in allen Kategorien negativer ein. Effiziente Kooperationen auf Augenhöhe sind sicher einfacher, wenn es gelingt, diese Asymmetrie etwas auszugleichen. Daher zielt die aktuelle China-Strategie des BMBF auch auf eine breitere China-Kompetenz in Deutschland und damit auf eine Wissenssteigerung der allgemeinen politischen und gesellschaftlichen Verhältnisse.

Die schiere Größe der chinesischen Bevölkerung und des chinesischen Marktes machen das Land in Verbindung mit seiner fortschreitenden Entwicklung zu einem ernst zu nehmenden Partner in allen Bereichen der internationalen Zusammenarbeit. Speziell in der Wissenschaft kommt es natürlich nicht allein auf Quantität an und nicht alle Chinesen sind potenzielle Kooperationspartner. Beispielsweise hat Deutschland viermal so viele Forscher im Verhältnis zur Bevölkerungsgröße (vgl. [2]). Sie werden in China beträchtliche Unterschiede zwischen dem entwickelten Osten von Peking über Shanghai bis Hongkong und dem nachhinkenden Westen feststellen. Es macht einen Unterschied, ob Sie an der Universität in einer Zehnmillionen-Stadt forschen oder bei einem Entwicklungsprojekt in ländlicher Gegend beraten.

Genauso hat der Bildungshintergrund des Kooperationspartners große Auswirkungen auf das Potenzial und die Erfolgsaussichten der Zusammenarbeit. Bei den immer zahlreicher werdenden im Ausland ausgebildeten chinesischen Forschenden, muss wenig interkulturelle Feinfühligkeit gezeigt werden. Das chinesische Bildungssystem hingegen ist immer noch sehr rigide und auf repetitives Lernen fokussiert. Bildung hat in China einen sehr zentralen Wert als Mittel des sozialen

Aufstiegs, beschränkt sich aber traditionell auf das reproduzieren von auswendig gelerntem Wissen. Doktoranden erlernen beispielsweise den kreativen, eigenständigen Transfer als für sie neue Arbeitsmethode. Dies gilt es zu berücksichtigen.

Konfuzianismus

Auch im Westen weithin bekannt und oft als typisch chinesisches Denkmodell gesehen ist der Konfuzianismus (vgl. u. a. [10, 13]). Als Ansammlung philosophischer Strömungen und Denkrichtungen ist er seit der Han Dynastie bis zum Fall des letzten Kaiserhauses untrennbar mit dem chinesischen Staat, seinen Beamten und somit auch seinen Bürgern verbunden. Das Dulden von Ungleichheiten ist hierin ebenso zu finden wie ein Fokus auf die intellektuelle Elite. Die hauptsächlichen Beziehungen zwischen gesellschaftlichen Rollen und damit, wer wem Gehorsam schuldet, sind hier festgeschrieben. Damit sind das stark ausgeprägte Senioritätsprinzip und starre, aber gleichzeitig akzeptierte Hierarchiegefüge erklärt.

Die Staatsphilosophie sieht im Kern die Moral des Einzelnen gegenüber äußeren Regelungen und Institutionen als überlegen an. Daher wird auch der gelebte chinesische Pragmatismus dieser gedanklichen Schule zugeschrieben. Fleiß und Lernbereitschaft sind individuelle Tugenden, die dem konfuzianischen Beamtentum inhärent waren und bis heute in der Gesellschaft höchstes Ansehen genießen. Die traditionelle Schule ist zwar, wie vieles Andere, in den ersten Jahrzenten der Volksrepublik der vorangetriebenen Modernisierung und der erzwungenen Abkehr von „Rückständigem" zum Opfer gefallen, hallt allerdings in ihren volkstümlichen Auslegungen sichtbar nach.

3 Wissenschaft und Innovation

> Im Moment benötigt der Staat die strategische Unterstützung von Wissenschaft und Technologie noch dringender als je zuvor (Xi Jinping 2016).

Langfristig soll aus der einstigen „Werkbank der Welt“ ein Standort für Hochtechnologie werden. Auf dieses Ziel werden zahlreiche Maßnahmenbündel, Förderprogramme und nationale Strategien ausgerichtet. Die Wichtigkeit innerhalb der nationalen Ausrichtung lässt sich auch an den stetig steigenden Ausgaben für Forschung und Entwicklung ablesen (siehe Abbildung „Entwicklung der chinesischen Wissenschaft“).

Das Land strebt an die Spitze der Publikations-Rankings und gehört zumindest in quantitativer Hinsicht bereits heute zu den forschungsstärksten Nationen der Welt. Die Zahlen der wissenschaftlichen Veröffentlichungen, der Patentanmeldungen und der Forschungskooperationen steigen dabei weiter beständig. Dem quantitativen Wachstum folgt in den letzten Jahren in einem zweiten Schritt auch langsam eine Steigerung der wissenschaftlichen Qualität, die nun nach Erreichen der Zahlenziele wie beschrieben weiter forciert wird. Einreichungen werden vermehrt in internationalen peer-reviewed Journals angenommen. Auch die immense Zunahme der Anmeldung von Patenten ist zunächst auf quantitative Vorgaben und wirtschaftspolitische Steuerung der Zentralregierung zurückzuführen. Finanzielle

B. Hey und M. Lauer, *China-Kompetenz für Wissenschaftler*,
essentials, DOI 10.1007/978-3-658-18544-2_3

Anreize führten sogar zu einem nachweislichen Rückgang der Qualität der einzelnen Neuerungen und Erfindungen, brachten China aber auf den ersten Blick unter die drei innovationsstärksten Nationen der Welt. China gehört jedoch, wenn man die hohe Zahl der Patentanmeldungen um die durchschnittliche Qualität korrigiert, immer noch zu den Top Fünf in diesem Bereich (vgl. [1]).

ENTWICKLUNG DER CHINESISCHEN WISSENSCHAFT

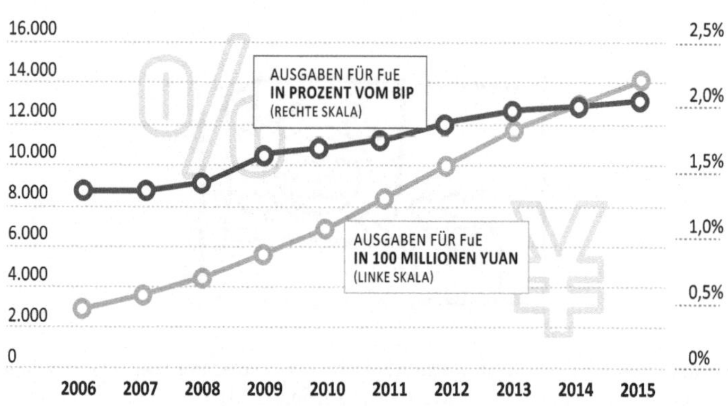

Quelle: National Bureau of Statistics of China [NBS], eigene Darstellung

Dies verdeutlicht die starke zentrale Steuerung in China, die mit der Wissenschaftsfreiheit in Deutschland kontrastiert. Der Wunsch, auch in der Wissenschaft zu den führenden Nationen zu gehören, führt teilweise zu einer Intransparenz der tatsächlichen Entwicklung und Leistungsfähigkeit. Darüber hinaus gestalten die große Zahl von politischen wie wissenschaftlichen Interessengruppen und Entscheidungsträgern die Anbahnung von Kooperationen bislang noch schwierig. Hinzu kommt, dass sich eine breitere Kenntnis der chinesischen Wissenschaftslandschaft in Deutschland gerade erst im Aufbau befindet.

Der direkte Einfluss der Politik auf die Wissenschaft ist also nicht unerheblich und zeigt sich auch am administrativen Aufbau des Wissenschaftssystems. Die relevanten Ministerien und Akademien unterstehen direkt dem Staatsrat. Dort entscheidet eine vom Premierminister geführte Lenkungsgruppe, die *National Leading Group for Science and Education,* über Förderungen und die strategische Ausrichtung. Eine Ebene darunter übernehmen verschiedene Ministerien die Umsetzung der Direktiven und fungieren als Bildungsbehörde. Große Forschungsverbünde und Förderinstitutionen stehen daneben auf Ministerialebene (siehe Abbildung).

DIE CHINESISCHE WISSENSCHAFTSLANDSCHAFT

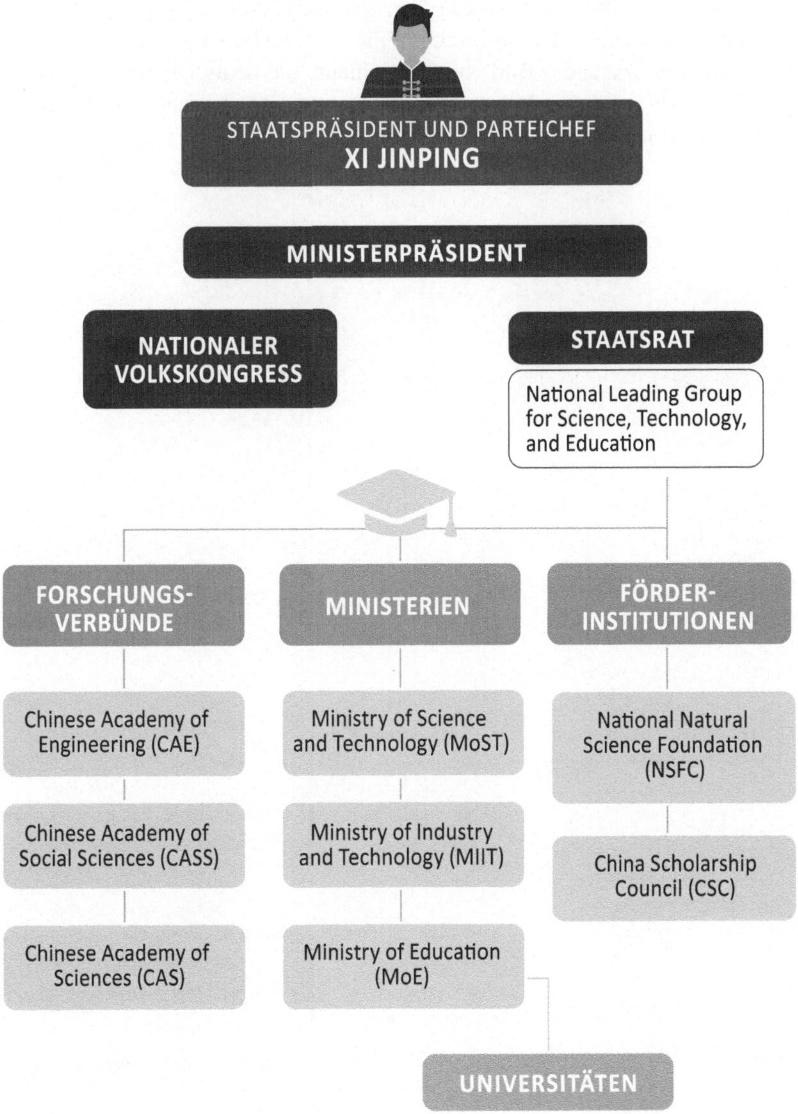

Dem vorgegebenen Rahmen, manchmal nicht nachvollziehbaren Entscheidungen und dem Schwerpunkt auf repetitiver Arbeit vieler chinesischer Absolventen in der aktuellen Wissenschaftslandschaft, steht ein großes Potenzial für deutsche Forschende gegenüber. Die chinesischen Hochschulen und Labore sind teilweise exzellent ausgestattet, der politische Wille gibt viele Wege frei und Chinesen haben ein hervorragendes Bild von Deutschland und deutscher Wissenschaft. Um mit diesem Wissen dieses Potenzial für sich zu nutzen, braucht es lediglich etwas Feinfühligkeit in der persönlichen Kooperation.

4 Mit chinesischen Forschern zusammenarbeiten

Do not oversimplify culture. It's far more than how we do things around here (Edgar Schein).

Jeder Mensch sieht die Welt durch seine kulturelle Brille. Diese prägt sein Denken und sein Handeln. In den vorangegangenen Abschnitten haben Sie Faktoren wie die Grundannahmen, das implizierte Wissen, wie auch Werte und Normen der chinesischen Kultur, die das Denken der Chinesen entscheidend beeinflusst haben und es bis heute noch tun, kennengelernt. In diesem Abschnitt stellen wir darauf aufbauend die 1. Ebene von Scheins Kultur-Konzept vor und betrachten damit die sichtbaren Verhaltensweisen, also das, was Sie im täglichen Umgang mit Chinesen sehen und erleben werden. Das Herzstück der nachstehenden Ausführungen bilden zahlreiche Praxis-Tipps und Beispiele von Wissenschaftlern. Dabei empfiehlt es sich folgenden Hinweis im Hinterkopf zu haben:

▶ **Tipp** Versuchen Sie nicht krampfhaft, Fehler und Fettnäpfe zu vermeiden. Westlern wird in China Vieles nachgesehen.

B. Hey und M. Lauer, *China-Kompetenz für Wissenschaftler*,
essentials, DOI 10.1007/978-3-658-18544-2_4

Treffen nämlich Menschen unterschiedlicher Kulturen aufeinander, entwickelt sich eine Vielzahl teils komplexer Situationen mit ihrer eigenen Dynamik. Sich auf alle vorzubereiten, ist unmöglich. Gleichzeitig sind Sie als Ausländer, noch dazu als deutscher Wissenschaftler in China, hoch angesehen. Chinesen zeigen sich meist sehr tolerant im Umgang mit Menschen aus dem Westen. Sie kennen und verzeihen die meisten typischen Fettnäpfchen ihrer ausländische Gäste und Partner.

4.1 Effektiv kommunizieren

Nicht selten beschleicht westliche Wissenschaftler der Eindruck, dass ihre chinesischen Partner unklar, ausweichend und mit sprachlichen Nebelkerzen kommunizieren. Damit einher geht auch der Verdacht, dass Chinesen quasi nie „die Dinge beim Namen nennen" und der ausländische Forscher nicht weiß, woran er wirklich ist. Das Wissen um die Charakteristika des asiatischen, eher diplomatischen und interpretationsbedürftigen Stils und die des deutschen eher, klaren und unverblümten Stils erleichtert das Verständnis.

▶ **Tipp** Alles außer einem klaren „Ja" kann in China „Nein" bedeuten.

Indirekte Form der Kommunikation
Chinesen kommunizieren deutlich indirekter als ihre westlichen Kooperationspartner. Sie sind vordergründig meist höfliche und rücksichtsvolle Gesprächspartner, die ihrem Gegenüber viel Freundliches und Schmeichelndes sagen, was einerseits an der traditionellen Erziehung liegt, die auf Gehorsam abzielt und direkte Konfrontation vermeidet. Andererseits trägt ein solches Verhalten dazu bei, Harmonie zu erhalten. Auf die gemeinsame Arbeit bezogen kann das bedeuten: Wer im Gespräch oder in der Verhandlung laut wird, verliert nicht nur die Contenance, sondern auch sein Gesicht. Aus diesem Grund äußern Ihre chinesischen Kooperationspartner selten offen ihren Unmut. Damit ist eng verknüpft, dass das Gruppeninteresse eine höhere Bedeutung hat, als individuelle Belange. Von daher werden vom Gruppenkonsens abweichende Antworten selten geäußert. Häufig haben westliche Forscher deshalb den Eindruck, dass sie von Chinesen keine ehrliche Antwort erhalten. Das kann daran liegen, dass Chinesen ihre eigene Meinung zurückhalten, wenn es Faktoren gibt, die aus ihrer Sicht wichtiger sind, wie beispielsweise die Gesichtswahrung von Personen.

> **Tipp** Achten Sie auf indirekte Hinweise. Ein „nein" wird mit Hinweisen auf Probleme kommuniziert.

Kritisches und Unangenehmes wird deshalb vorwiegend zwischen den Zeilen transportiert, was für Deutsche irreführend sein kann. Die Aussage: „We talk about this next time!" ist eine fast wörtliche Übersetzung eines chinesischen Satzes, der typischerweise die indirekte Form für „Im Moment sind mir die Hände gebunden." oder „Das Projekt ist gestorben." darstellt. Die für deutsche Ohren nichts sagende klingende Erklärung, provoziert förmlich ein Nachfragen und ist oft der Start eines Teufelskreises. Ein insistierendes „Why can't we talk now?" wird höchstwahrscheinlich wieder zu der Ursprungsaussage des chinesischen Partner zurückführen. In der Regel helfen Belehrung und der Hinweis auf Deadlines in dieser Situation nicht weiter. Hier ist Geduld gefragt. In einer solchen Sackgasse wäre es auch denkbar, dass Sie Ihren Chef bitten, beim Vorgesetzten Ihres chinesischen Partners nachzufragen. Wer bereits eine gute Beziehung zum asiatischen Kollegen aufgebaut hat, der kann durchaus auch offener und direkter nachfragen.

Trotz aller asiatischen Toleranz, die deutsche Direktheit in der Kommunikation ist Chinesen fremd und bis auf wenige Ausnahmen – meist junge Chinesen, die im westlichen Ausland gelebt haben – würden sie sich selbst so nicht verhalten. Die Dinge beim Namen zu nennen, zu sagen, was man meint, ist aus deutscher Sicht schlicht ehrlich und reduziert das Risiko von Missverständnissen. Das wiederum unterstützt effiziente und schnörkellose Kommunikation, spart Zeit und ist nur in seltenen Fällen verletzend und beleidigend gemeint. In der Zusammenarbeit mit Chinesen klaffen hier Absicht und Wirkung des Gesagten mitunter weit auseinander – dessen sollte sich der Sprecher bewusst sein.

Verbiegen Sie sich dennoch bitte nicht. Am besten Sie vermeiden offene Kritik oder Ablehnung vor der Gruppe und formulieren Ihr „Nein" für Ihr Gegenüber annehmbarer. Unter vier Augen können Sie (etwas) direkter sein und beispielsweise Kritik an Arbeitsweisen und Prozessen äußern.

> **Tipp** Ein indirektes „Nein" kann so formuliert werden: „Let me give it another check."

Mit Chinesen verhandeln

Chinesen lieben es zu verhandeln. Geschäfte zu machen und Verhandlungen sind für sie soziale Spiele. Lernen kann man die Regeln dieser Interaktion auf den Touristenmärkten. Diese Straßenmärkte sind das beste Boot-Camp, um die Verhandlungsmuster zu lernen, die sich bis in die Boards chinesischer Unternehmen und Forschungsinstitute ziehen.

Verhandlungen sind für Chinesen wichtige soziale Anlässe, um die Beziehung aufzubauen und um festzustellen, ob das Gegenüber auch auf längere Sicht ein passender Partner sein kann. Auch deshalb ist das Verhandlungstempo nicht sehr hoch und es wird ohne Eile gesprochen. Die schnelle Unterschrift ist nicht das Hauptziel chinesischer Verhandlungen. Ihr Blick ist weniger auf den direkten Abschluss, sondern vielmehr auf eine langjährige von gegenseitigem Vertrauen geprägte Kooperation gerichtet. Alle diese Aspekte verdeutlichen, wo sich das Verhalten westlicher Verhandlungsführer von dem chinesischer unterscheidet und wo deshalb potenzielle Fallstricke lauern können. Neben dem Wissen um die typischen Verhaltensmuster chinesischer Verhandlungsführer und die historischen Gründe dafür, ist vor allem Eines für Verhandlungen in China entscheidend: Die Vorbereitung.

Es klingt wie eine Binsenweisheit, aber planen Sie Verhandlungen mit chinesischen Forschungseinrichtungen äußerst sorgfältig. Sie können davon ausgehen, dass Ihre Partner auf der anderen Seite des Verhandlungstischs sehr gut vorbereitet sein werden und zwar unabhängig davon, ob sie aus der Forschung oder einem Unternehmen stammen. Erfragen Sie dafür im Vorfeld alle wichtigen Informationen, wie beispielsweise eine Teilnehmerliste mit Funktionen und Titeln und Englischkenntnissen. Idealerweise stellen Sie sicher, dass beim ersten Treffen oder dem Kick-off einer Kooperation ein Vertreter Ihres Instituts (kurz) anwesend ist, der sich auf der gleichen Hierarchiestufe befindet, wie der ranghöchste chinesische Wissenschaftler. Für entscheidende Verhandlungen empfiehlt es sich, einen eigenen Übersetzer dabei zu haben, damit Sprachprobleme minimiert werden.

▶ **Tipp** Planen Sie Ihre Verhandlungen großzügig. Ein erfolgreicher Verhandlungsabschluss benötigt auf allen Ebenen mehr Zeit.

Ihre potenziellen Kooperationspartner nennen im ersten Treffen meist keine „richtigen" Zahlen, Daten und Fakten, sondern machen sehr blumige und ausführliche Absichtserklärungen, um beispielsweise die westlichen Vertreter besser kennenzulernen. Das wird von diesen oft als Zeitverschwendung erlebt.

Chinesen sind erfahrene und clevere Verhandlungsführer. Vor allem sind sie aber auch Pragmatiker. Westliche Verhandlungspartner sollten immer einkalkulieren, dass es nicht unbedingt kulturelle Gründe sind, die das Verhalten begründen (z. B. permanente Rückfragen nach „oben"). Es kann sich auch durchaus um Verhandlungstaktik handeln.

Hilfreich kann es auch sein, den chinesischen Partnern irgendwann klare Grenzen zu setzen. Es kann Ihnen passieren, dass so lange wie sie Zugeständnisse machen oder nachgegeben, immer weitere Forderungen gestellt werden.

Englisch sprechen

Jüngere chinesische Forscher verfügen mittlerweile über gute Englischkenntnisse. Auf der operativen Ebene berichten die meisten westlichen Wissenschaftler mit Blick auf die Sprachkenntnisse von positiven Erfahrungen. In oder vor der Gruppe sprechen Chinesen meist nur dann Englisch, wenn es nahezu perfekt ist. Speziell der höchste Chef auf chinesischer Seite wird sich übersetzen lassen, um sein Gesicht zu wahren. Es kann Ihnen passieren, dass Sie nach einem Projektmeeting von einem Forscher in Ihr Hotel gebracht werden und dieser während der Fahrt plötzlich (gutes) Englisch mit Ihnen spricht, nachdem er und alle anderen den Tag über ausschließlich über einen Dolmetscher mit Ihnen kommuniziert haben.

Zeigen Sie sich geduldig, falls ein wissenschaftlicher Kollege nur schlechtes Englisch spricht. Kritik oder Belehrungen sind hier unangebracht und nicht hilfreich (Gesichtsverlust). Versuchen Sie durch einfache Sprache, Wiederholungen und ggf. Visualisierungen das Meeting am Laufen zu halten.

Privates, Persönliches und Small Talk

Privates und Persönliches sind in China Teil des Small Talks, da es – anders als in Deutschland – keine Trennung zwischen beruflichen und privaten Angelegenheiten gibt. Fragen nach der Familie oder Hobbys beruhen auf ehrlichem Interesse und sind ein perfekter Eisbrecher und oft die Grundlage für eine spätere gute Arbeitsbeziehung. Nicht selten können sich die chinesischen Gastgeber beim nächsten Besuch noch an Ihre Aussagen erinnern. Wenn Sie darüber hinaus noch etwas über die chinesische Geschichte oder die besuchte Stadt wissen, vielleicht sogar einige Höflichkeitsfloskeln auf Chinesisch sagen können, krönen Sie diesen Auftakt für eine Verhandlung oder Kooperation.

Ein Thema, das Chinesen völlig entspannt ansprechen, ist das Einkommen. Für Deutsche eher unüblich und verpönt, stellt es im chinesischen Small Talk kein Tabu dar, über Persönliches, das Gehalt oder andere finanzielle Dinge zu sprechen. Natürlich müssen Sie hierüber keine Auskunft geben. Gleichzeitig spricht es für Ihr diplomatisches Geschick, eine solche Frage nicht gleich zurückzuweisen.

▶ **Tipp** Bei Fragen zu Ihrem Einkommen dürfen Sie vage antworten und müssen nicht unbedingt ehrlich sein.

4.2 Beziehungen und Netzwerke aufbauen

Wer erfolgreiche wissenschaftliche Kooperationen mit chinesischen Forschungsinstitutionen oder Unternehmen anstrebt, kommt nicht umhin, sich mit der chinesischen Art, Kontakte zu knüpfen und Netzwerke zu pflegen, zu beschäftigen. Den Begriff, den Sie in diesem Zusammenhang immer wieder hören werden, ist „Guanxi". Einfach beschrieben umfasst Guanxi die Summe der persönlichen Beziehungen, den Nutzen und die Verpflichtungen sowie weitere Implikationen, die daraus resultieren. Das Wissen um den Aufbau und die Pflege von Beziehungen in China, hilft dieses vielschichtige Phänomen besser zu verstehen und für sich zu nutzen.

Ohne persönliche Beziehung keine Kooperation

Persönlicher Beziehungsaufbau ist in China sprichwörtlich. In der Wissenschaft wie in der Wirtschaft tätigen Chinesen nur mit ihren „Freunden" Geschäfte. Während in sogenannten deal-focused cultures (vgl. [4]) wie Deutschland, die Beziehung zum Kooperations- oder Forschungspartner selten eine entscheidende Rolle spielt, geht in China ohne eine persönliche Beziehung nichts. In Kulturen mit einem Fokus auf den „Deal" können Sie in der Regel nach kurzem Small Talk zum Wissenschaftlichen/Geschäftlichen übergehen. In solchen Situationen ist das Kennenlernen eine Frage von wenigen Tagen – wenn überhaupt – wohingegen in einer relationship-focused culture wie China hierfür Monate und Jahre ins Land ziehen können. Hier steht die Person im Vordergrund. Sie werden zu jedem Forschungspartner eine mehr oder weniger persönliche Beziehung und Vertrauen aufbauen. Der entscheidende Unterschied zu Kulturen wie der chinesischen, liegt darin, dass ein vertrauensvolles Klima aufgebaut sein muss, bevor die eigentliche Verhandlung oder Kooperation beginnt. Die so aufgebauten Beziehungen und Freundschaften sind – aus deutscher Sicht – eher oberflächlich, aber sie stellen eine wichtige Voraussetzung für jede (wissenschaftliche) Zusammenarbeit dar.

▶ **Tipp** „In relationship-focused cultures, first you make a friend, then you make a deal" [4].

Bei einem Punkt ist Vorsicht geboten: Auf wissenschaftlicher und privater Ebene werden Kooperationspartner von Chinesen sehr schnell „Freund" genannt und als solcher auch vorgestellt. Dabei kommt es auch zu einem für westliche Ohren ungewohnten und übertrieben wirkenden: „You are my best friend". Wichtig ist: Freunde sind auf beruflicher Ebene alle. Deutsche könnten in einer solchen Situation dem Trugschluss erliegen, dass es sich beim chinesischen Gegenüber um einen Freund im deutschen Sinne handelt und beispielsweise bei Verhandlungen die Deckung fallen lassen.

Ähnliches gilt für akademische Titel, die in China mitunter gehandelt und recht inflationär vergeben werden. Sie sind nicht immer ein Indikator für wissenschaftliche Leistung.

Gesicht geben und verlieren

Das allgegenwärtige Harmoniebedürfnis von Chinesen ist ein positives Vorurteil, das oft mit Gesichtswahrung verwechselt wird. Dabei interpretieren westliche Kooperationspartner häufig das Lächeln des chinesischen Gegenübers falsch.

Die Gesichtswahrung ist in China ein hohes Gut und die soziale Reputation. Es kann mit einer Art Konto verglichen werden. Dieses kann immer von anderen Personen gespeist oder geleert werden, allerdings nie vom „Konto-Inhaber". So kann beispielsweise Hilfe einfordern als Gesichtsverlust bewertet werden. Das zählt auch und vor allem für jede Form von Kritik vor der Gruppe.

▶ **Tipp** Üben Sie Kritik nur unter vier Augen. Das vermeidet den Gesichtsverlust, weil das Netzwerk des chinesischen Forschers dies nicht mitbekommt.

Umgekehrt geben Chinesen gerne Gesicht, weil es das Konto des Kooperationspartners füllt und gleichzeitig die Wahrscheinlichkeit erhöht, dass dieser sich bei nächster Gelegenheit revanchieren wird. Dabei gilt: Je größer oder wichtiger das Publikum, desto größer die gesichtsgebende Wirkung. Das folgende Beispiel zeigt eine für Westler eher unübliche Vorgehensweise, wie Chinesen auch im akademischen Kontext ihren „befreundeten" Kooperationspartnern Gesicht geben.

Beispiel

Ein chinesischer Gastprofessor nutzte während seines Forschungsaufenthalts bei einer deutschen Wissenschaftseinrichtung die Fragerunde einer öffentlichkeitswirksamen Veranstaltung mit über 200 Zuschauern, um die Leistungen und den Ruf des Direktors des gastgebenden Instituts öffentlich wertzuschätzen.

Es gibt viele Möglichkeiten, Gesicht zu geben und genauso viele, um sein Gegenüber das Gesicht verlieren zu lassen. So führen Bemerkungen zum schlechten Englisch eines wissenschaftlichen Projektmitarbeiters vor der Gruppe für ihn zum Verlust seines Gesichts. Wenn Sie hingegen – sei es als Gast oder als Gastgeber – dem ranghöchsten chinesischen Repräsentanten ein Geschenk vor Anderen überreichen, „zahlen" Sie auf sein Konto ein und geben ihm Gesicht.

Westliche Wissenschaftler sollten sich vor Augen führen, dass es sich dabei aus chinesischer Sicht immer um ein Geben und Nehmen handelt. Auch, wenn in vielen Situationen der chinesische Kooperationspartner den ersten Schritt macht, wird immer ein Rück-Gefallen erwartet. Der muss nicht grundsätzlich wissenschaftlicher oder beruflicher Natur sein, wie der nachstehende Fall zeigt.

Beispiel

Der Leiter eines deutschen Forschungsinstituts wird bei seiner dritten Chinareise von seinem chinesischen Kollegen zum Abendessen zu ihm nach Hause eingeladen. Beide Institute kooperieren schon drei Jahre miteinander, aber dies ist die erste private Einladung. Nach dem Essen betont der chinesische Institutsleiter mehrfach die Qualität der Förderung junger Forscher in Deutschland und erwähnt, dass seine Tochter in Kürze ihr Studium beenden wird und jetzt auf der Suche nach einem Praktikumsplatz in einer renommierten wissenschaftlichen Einrichtung im europäischen Ausland ist. Der deutsche Institutsleiter erkennt die impliziert formulierte Erwartung, die mit der Esseneinladung verknüpft ist und weiß, wie hilfreich es sein kann, solche Wünsche zu erfüllen. Deshalb antwortet er: „Es wäre mir eine Ehre, Ihrer Tochter an unserem Institut ein Praktikum anzubieten." Dem deutschen Wissenschaftler ist bewusst, dass es für die weitere Zusammenarbeit wichtig ist, das Praktikum zu ermöglichen. Er gibt auf der einen Seite dem chinesischen Institutsleiter Gesicht und auf der anderen Seite möchte er die Gelegenheit nutzen, um ein wiederkehrendes Problem auf der operativen Ebene anzusprechen: Von chinesischer Seite werden Deadlines oft weit überschritten. Also fragt er den chinesischen Leiter, wie mit Deadlines anders umgegangen werden kann. Dieser sagt zu, die Situation zu prüfen. Tatsächlich verbesserte sich die Termintreue auf asiatischer Seite.

> **Tipp** Zeigen Sie auch in kritischen Situationen oder bei Fehlverhalten vor allem vor einer Gruppe ein gesichtswahrendes Verhalten.

Arbeit und Privates

Es gibt in China keine Trennung von Arbeit und Privatem. Kollegen- und Freundeskreis sind fast identisch, weshalb auch geschäftliche und persönliche Themen wild vermischt werden. Hier wird nicht zwischen rein privaten und beruflichen Kontakten unterschieden. Gemeinsame Aktivitäten nach Konferenzen oder Projekttreffen sind daher sehr wichtig für den Aufbau von Beziehungen. Oft werden in Deutschland eher untypische, ausladende Abendessen oder Ausflüge als Plattform dazu angeboten. Einmal Teil dieses Netzwerks haben Sie Zugang zum beschriebenen und beinahe institutionalisierten Geben und Nehmen.

▶ **Tipp** Wenn Sie es zulassen, werden Sie schnell in diesen „Freundeskreis" aufgenommen werden. Nutzen Sie das für Ihre gemeinsame Arbeit.

Chinesische Wissenschaftler oder Mitarbeiter in Unternehmen haben oft keinen Feierabend, kein Wochenende und sind immer erreichbar. Implizit erwarten sie das auch von ihren westlichen Kollegen. Es kann helfen, wenn Sie Ihre private Telefonnummer nicht herausgeben. Mitunter reicht auch schon der Hinweis, dass in Deutschland sonntags nicht gearbeitet wird.

Chinesen sehen sich als Teil einer Gruppe an und nicht als Individuen. Wichtig zu wissen ist, dass Chinesen ein hohes Zugehörigkeitsbedürfnis zu ihrer Gruppe haben. Es wird ganz klar zwischen dem Inneren und dem Äußeren Zirkel unterschieden. Der Innere Zirkel schließt vor allem die Familie, Arbeitskollegen und gute Freunde ein. Im Inneren Zirkel sind die Chinesen extrem kollektivistisch und schätzen die Loyalität zur Gemeinschaft höher ein als persönliche Vorteile oder Leistung. Gemeinsame Aktivitäten nach Konferenzen oder Projekttreffen sind daher sehr wichtig für den Aufbau dieser Beziehungen. Auf der anderen Seite stehen in der deutschen Kultur Privatsphäre, Unabhängigkeit und Selbstverwirklichung im Vordergrund. Hier stehen das Individuum und seine Leistung im Fokus. Es liegt auf der Hand, dass diese fundamentalen Unterschiede schnell zu Schwierigkeiten, Missverständnissen und Konflikten in der wissenschaftlichen Zusammenarbeit führen können.

▶ **Tipp** Chinesen sehen sich sehr mit ihrer sozialen Gruppe verbunden. Für sie ist das Wichtigste, wie sie von der Gruppe wahrgenommen werden.

Bei Personen des äußeren Zirkels zeigen Chinesen hingegen ein starkes Abgrenzen, das sich in arrogantem, indifferenten und schroffen Verhalten äußern kann. Ihr Ziel sollte es sein, in den Inneren Zirkel aufgenommen zu werden, weil Ihnen das in der Zusammenarbeit mit chinesischen Forschern ganz andere Möglichkeiten eröffnet.

Gemeinsames Abendessen

Die einfachste Möglichkeit eine gute und vertrauensvolle Beziehung zu potenziellen chinesischen Partnern aufzubauen, ist das gemeinsame Abendessen. Hier werden von asiatischer Seite häufig bewusst und explizit wissenschaftliche Inhalte oder Geschäftliches ausgeklammert, meist mit dem Resultat, dass die eigentliche Besprechung oder Verhandlung am nächsten Tag besser läuft.

Auch nach einem langen Flug ist es deshalb üblich, dass Sie von den Chinesen gleich zum Abendessen eingeladen werden. Es handelt sich dabei um eine entscheidende soziale Veranstaltung. Sie sollten die Teilnahme nur im Ausnahmefall ablehnen. Zum einen erleichtert es die kommenden Verhandlungen bzw. macht sie erst möglich und zum anderen ist ein chinesisches Abendessen ein Erlebnis, das Spaß macht.

> **Tipp** Vermeiden Sie es zunächst bei gemeinsamen Abendessen wissenschaftliche Belange anzusprechen.

Normalerweise wird für ein solches Essen ein separater Raum in einem Restaurant von Ihrem Gastgeber reserviert. Der Tisch ist rund und nominell sind alle gleich, nichtsdestotrotz befindet sich aus chinesischer Sicht der wichtigste Platz der Tür gegenüber. Dieser Ehrenplatz ist fast immer für den Gast vorgesehen. Warten Sie besser trotzdem, bis Ihr Einlader Sie zum Platz führt – alles andere wäre unhöflich. In der Mitte des Tischs befindet sich eine Drehscheibe, auf der nach und nach alle Speisen platziert werden. Ihr Gastgeber erklärt üblicherweise, um welche Speise es sich handelt und lädt Sie ein, diese zu probieren. Dafür wird er die Scheibe in der Mitte so drehen, dass Sie sich selbst bedienen können. Zögern Sie nicht zu fragen, wenn Sie nicht wissen, wie man etwas richtig isst oder um was es sich handelt. Interesse an der chinesischen Küche wird als große Wertschätzung angesehen. Gleiches zählt, wenn Sie mit Stäbchen essen. Meist gibt es bei solchen Gelegenheiten keinen Reis, weil dieser als Sattmacher für arme Leute gilt und Ihre Gastgeber möchten, dass Sie sich an hochwertigen Speisen satt essen können. Von daher geziemt es sich nicht, nach Reis zu fragen.

> **Tipp** Nicht alle Restaurants in China führen westliches Besteck. Üben Sie ggf. mit Stäbchen zu essen.

Wenn Sie etwas nicht mögen oder eine Allergie haben, stellt das kein grundsätzliches Problem dar. Sagen Sie dies am besten so früh wie möglich. Wählen Sie gesichtswahrende Formulierungen wie:

- That looks very delicious. Unfortunately I am not allowed to eat this – due to medical reasons.
- The fish is really nice, but I like the beef even better.
- I am a vegetarian. I hope that will not cause any inconvenience.
- I do not feel well. I think just a bit of soup will do for me today.

Rechnen Sie damit, dass neben heißem Wasser und Tee auch Alkohol getrunken wird. Starker Alkoholkonsum gehört auch in akademischen Kreisen zu einem chinesischen Geschäftsessen. Frauen können das problemloser ablehnen, Männer eher nicht. Ähnlich, wie beim Essen, sollten Sie (vorgeschobene) gesundheitliche Gründe als Grund für Ihre Abstinenz nennen. Vermeiden Sie ein zu direktes: „Ich will das nicht!"

Im Laufe des Dinners wird Ihr Gastgeber eine freundliche und für deutsche Ohren oft überschwänglich klingende Ansprache halten und mit allen anderen das Glas auf Sie, Ihre „Freundschaft" und die Kooperation erheben. Nutzen Sie die Möglichkeit danach selbst zu einer kurzen Rede oder um einen Trinkspruch auszubringen. Dabei sollten Sie sich immer bei Ihrem Einlader für die Gastfreundschaft und die gemeinsame Arbeit bedanken.

Dieser Moment ist prädestiniert für die Geschenkübergabe (Gesicht geben!) an den ranghöchsten Wissenschaftler oder Vertreter am Tisch. Wählen Sie unverfängliche Geschenke, wie Schreibgeräte oder ein Bild Ihres Instituts. Vermeiden Sie möglichst alles Weiße, da dies die Farbe der Trauer ist. Auch andere Geschenke, wie beispielsweise eine Uhr haben einen negativen Touch, da in diesem Fall die Wörter „Uhr" und „Beerdigung" im Chinesischen gleich klingen. Anders als dies in Deutschland meistens der Fall ist, werden in China Geschenke nicht sofort geöffnet.

Falls Ihre Gruppe an mehreren Tischen isst, sollten Sie im Laufe des Abends zu jedem Tisch gehen, einen freundlichen Trinkspruch ausbringen und mit den Personen am Tisch anstoßen. Dabei wird Ihnen auffallen, dass die hierarchische Stellung daran zu erkennen ist, wer beim Anstoßen das Glas höher oder niedriger hält. Zu fortgeschrittener Stunde können sich so soziale Spielchen entwickeln, bei denen jeder versucht sein Glas niedriger zu halten als Sie oder sogar Ihren Arm dafür festhält.

▶ **Tipp** Rechnen Sie damit, dass man Ihnen in China häufig „white wine" anbieten (wörtlich aus dem Chinesischen: baijiu) wird. Dabei handelt es sich um einen hochprozentigen Schnaps.

Wundern Sie sich nicht, wenn der ranghöchste chinesische Wissenschaftler einen rangniederen Forscher für sich trinken lässt. In China ist es nicht unüblich, dass ein Mitarbeiter für seinen Vorgesetzten oder seine Kollegin den Alkoholkonsum übernimmt.

Als westlicher Gast werden Sie in China rund um die Uhr betreut und versorgt. Ein Fahrer holt Sie ab und fährt Sie in der Regel überall hin. Üblicherweise stellt Ihnen das einladende Institut einen eigenen Betreuer zur Verfügung, der Sie selbst fährt oder Ihre Fahrten organisiert und der Sie beim Abendessen, der Fußmassage, dem Karaoke, beim Shopping etc. begleiten wird. Diese Person steht Ihnen zu jeder Zeit und an jedem Tag zu Verfügung und spricht fast immer gutes Englisch. Anders als in Deutschland, können Sie diese Person ohne schlechtes Gewissen in Notfällen, aber auch weniger schwerwiegenden Problemen anrufen.

Die meisten chinesischen Forschungseinrichtungen verfügen über spezielle Budgets, um Gäste zu bewirten und zu betreuen. Notfalls zahlt Ihr Einlader selbst, weil es als normal und richtig angesehen wird, Ihnen als ausländischem Gast ein aufwendiges Programm (Essen, Transport, Touristisches) zu bieten. Das geht so weit, dass auch mitreisende Ehepartner während der Meetings oder Verhandlungen ein eigenes Programm geboten bekommen.

Hier drängt sich die Frage auf, ob Sie als Gastgeber einer chinesischen Delegation einen ähnlichen Aufwand betreiben müssen. In vielen Fällen gestaltet sich dies für deutsche Gastgeber als schwierig, da die wenigsten wissenschaftlichen Organisationen in der Bundesrepublik über mit China vergleichbare Möglichkeiten verfügen. Auch wird nicht jeder deutsche Forscher ein ähnliches Programm aus eigener Tasche finanzieren können oder wollen. Als Daumenregel gilt deshalb: Chinesische Delegationen oder Einzelreisende sollten in Deutschland wenigstens am Flughafen oder Bahnhof abgeholt werden und mindestens einmal zum Essen eingeladen werden.

Es ist kaum möglich, sich auf die zahlreichen Situationen vorzubereiten, die beim gemeinsamen Abendessen vorkommen können. Verbunden mit Ihrer jeweiligen Rolle als Gast in China oder als Gastgeber einer chinesischen Delegation in Deutschland sollten Sie die wesentlichen Aspekte kennen. Sie finden deshalb hier eine Übersicht der wichtigsten und merkenswerten Verhaltensweisen in Tab. 4.1.

Tab. 4.1 Merkenswertes als Gast und als Gastgeber in der Kooperation mit Chinesen

Als Gast	Als Gastgeber
Der oder die Ranghöchste eröffnet und beendet das Essen	Wählen Sie ein gutbürgerliches oder internationales Restaurant - kein chinesisches
Der oder die Ranghöchste sollte von Ihnen die meiste Aufmerksamkeit erhalten	Sprechen Sie die Einladung an Ihre Gäste wiederholt aus, damit diese annehmen können
Wenn Sie den Teller leer essen, signalisieren Sie: bitte mehr	Offerieren Sie den besten bzw. den Ehrenplatz dem hochrangigsten Gast
In China bezahlt man nicht getrennt – meist zahlt der Einlader für alle	Bereiten Sie eine Übersetzung und eine Beschreibung der Speisen idealerweise mit Bildern vor
Geben Sie kein Trinkgeld	Halten Sie Geschenke bereit

4.3 Denkweisen verstehen

In China beeinflussen andere Strukturen und Denkweisen den Forschungsalltag, als Sie es aus Deutschland oder dem westlichen Ausland kennen. Strikte Hierarchien und Statusunterschiede sind üblich, akzeptiert und werden erwartet. Die Meinungsbildung ist größtenteils zentralisiert und kann kaum gedrängt oder beschleunigt werden. Politische Einflüsse durchsetzen alle Sphären der chinesischen Gesellschaft, wovon auch die Forschungsarbeit und akademische Positionen – zumindest in der jetzigen Generation der Wissenschaftler – noch nicht losgelöst sind. Hinzu kommt der Einfluss des chinesischen Bildungssystems, das traditionell auf Auswendiglernen und Wiederholen setzt. Ein weiteres Charakteristikum der chinesischen Denkweise, das Westler berücksichtigen sollten, ist die vorherrschende Arbeitsweise, die von hoher zeitlicher Flexibilität und Pragmatismus geprägt ist.

Hierarchiedenken und Führungsverhalten

Das Bestehen von Ungleichheiten und hierarchischen Unterschieden wird in China kulturell akzeptiert und nicht infrage gestellt. Autoritäres (Führungs-) Verhalten ist üblich und normal. Mitarbeiter – auch in der Wissenschaft – erwarten und befolgen Anweisungen. Die Befehlskette ist klar definiert und wird von chinesischen Mitarbeitern konsequent eingehalten. Das führt in der Zusammenarbeit mit deutschen Forschern zu großen Herausforderungen. Auf der einen Seite findet sich ein Bildungssystem, das Fleiß, Gehorsam und Auswendiglernen als Paradigmen pflegt, während auf der anderen Seite die Schul- und Hochschulbildung auch Kreativität und selbstständiges Denken fördert.

Während in Deutschland vor allem in der Wissenschaft mit seinen hoch spezialisierten und überwiegend intrinsisch motivierten Forschenden ein eher kooperativer Stil präferiert wird, liegen in China alle Entscheidungen ohne Diskussion bei der Führungskraft. Deshalb ist es gerade im akademischen Kontext bei Kooperationen in der Regel eine der größten Herausforderungen auf der operativen Ebene von Kooperationen, zwei derart konträre Führungsphilosophien zu verbinden. Freiräume und selbstständige Entscheidungen, wie sie in westlichen Forschungseinrichtungen auch für Wissenschaftler ohne Führungsaufgaben durchaus üblich sind, finden sich in China so gut wie gar nicht. In der deutschen Forschungslandschaft ist es selbstverständlich, dass auch Doktoranden oder junge Post-Docs ihren Chef kritisieren, Entscheidungen fällen und eine eigene Meinung haben dürfen. Oft dürfen sie das Forschungsziel und den Weg dahin selbst bestimmen. Deutsche Wissenschaftler werden durch den Vorgesetzten wenig oder gar nicht kontrolliert. Chinesische Forscher haben hingegen von klein auf gelernt, dass es das Privileg aber auch die Pflicht von hierarchisch Höhergestellten ist, zu denken, zu entscheiden und die Verantwortung zu übernehmen. Letztere kann aus chinesischer Sicht gar nicht delegiert werden. Chinesische Mitarbeiter wollen konkrete Anleitung und sind an strenge Kontrollen gewöhnt. Sie erwarten, dass der Chef die Richtung vorgibt und werten Freiräume, die sie von westlichen Vorgesetzten eingeräumt bekommen, als Zeichen von Führungsschwäche. Als Führungskraft nehmen Sie aus chinesischer Sicht in einer solchen Situation Ihre Rolle nicht wahr und Sie verlieren damit Ihr Gesicht. Dort, wo Sie als beispielsweise als Projektleiter kollegial und motivierend führen wollen, erreichen Sie das Gegenteil, nämlich Verstörung, Orientierungslosigkeit und Demotivation ihrer chinesischen Mitarbeiter. Von daher macht es in der Zusammenarbeit mit chinesischen Forschern wenig Sinn, diese zu drängen ihre Einschätzung zu teilen, dem wissenschaftlichen Leiter ein Feedback zu geben oder eine Entscheidung zu fällen.

▶ **Tipp** Erwarten Sie von Doktoranden oder jungen Post-Docs ohne Leitungsposition keine kritischen Meinungen oder Entscheidungen.

Stellen Sie sich als wissenschaftliche Führungskraft darauf ein, dass Sie im Umgang mit chinesischen Forschern anders führen müssen, als Sie es gewohnt sind. Das Kunststück dabei ist die Balance zwischen Authentizität und Anpassung. Meist hilft es, wenn Sie in Besprechungen – idealerweise unter vier Augen – etwas mehr Zeit nehmen, um kulturelle Unterschiede aufzuzeigen und die gewünschte Vorgehensweise näher zu bringen.

Wichtig zu wissen ist: Wer die Hierarchie nicht kennt oder nicht berücksichtigt, wird auf unsichtbare Schranken stoßen, die auch mit noch so viel Druck nicht geöffnet werden können. Als Führungskraft und auch als westlicher Forscher ohne hierarchischen Rang sollten Sie die Strukturen Ihres chinesischen Partners kennen. Die Hierarchie muss von westlicher Seite verstanden und beachtet werden, damit Sie wissen, wem Sie mehr (Ranghöchster) und wem auch weniger Aufmerksamkeit widmen müssen. Scheuen sich nicht dafür ein Organigramm zu erbitten. Teilweise kann Ihnen auch die englische Internetseite Ihres chinesischen Forschungspartners weiterhelfen, auch wenn diese in der Regel keine Übersetzung des chinesischen Internetauftritts ist.

▶ **Tipp** Die hierarchischen Strukturen und die entscheidenden Persönlichkeiten der chinesischen Partner-Institution sollten Sie kennen.

Die Grenzen der eigenen Hierarchieebene werden in China nicht über- oder unterschritten. Chinesische Führungskräfte aus der Wirtschaft wie auch aus der

Wissenschaft verhandeln und sprechen nur mit gleichrangigen Partnern. In den entscheidenden Phasen einer Verhandlung, aber auch später in der gemeinsamen Arbeit sollte die westliche Seite sicherstellen, dass ein Vertreter zugegen ist, der dem ranghöchsten Chinesen hierarchisch gleichgestellt ist, um Verzögerungen, Störungen oder den Abbruch der Zusammenarbeit zu verhindern. Das folgende Beispiel verdeutlicht das.

Beispiel

Der Vorstand eines deutschen Forschungsinstituts beauftragt seinen Assistenten die Gespräche mit dem Präsidenten des chinesischen Forschungskooperationspartners, dessen Vertreter und einer Delegation von Wissenschaftlern zu führen. Zum einen muss er selbst einen anderen Termin wahrnehmen und zum anderen kennt er die chinesischen Chefs von einem Treffen in China. Zudem geht der deutsche Institutsleiter davon aus, dass die Chinesen bei ihrem ersten Besuch in Deutschland vor allem das Institut, die Labore und die Forscher kennenlernen wollen. Außerdem ist er überzeugt, dass der fachliche Austausch zwischen seinem Assistenten und dessen chinesischen Kollegen im Vordergrund steht. Kurz nach dem geplanten Beginn des Gesprächs mit der chinesischen Gruppe erhält der Vorstand einen Anruf seines Assistenten. Der Präsident des chinesischen Instituts sei sehr aufgebracht und wolle nicht mit dem Assistenten sprechen.

In diesem Fall war der Fortbestand der noch jungen Kooperation gefährdet, weil aus chinesischer Perspektive kein adäquater Gesprächspartner auf deutscher Seite anwesend war. Verhandlungen oder Gespräche können so von chinesischer Seite nicht durchgeführt werden. Versuchen Sie in einer solchen Situation das Treffen so zu organisieren, dass ein adäquater deutscher Vertreter für die Begrüßung und ein Gespräch mit dem Chef der chinesischen Delegation zur Verfügung steht. In unserem Beispiel entschieden sich Vorstand und Assistent, das laufende Gespräch mit einer Entschuldigung (verspäteter Flug des Vorstands) abzubrechen und beim gemeinsamen Abendessen mit dem deutschen Chef das Hierarchiegefälle aufzuheben.

Hierarchie beeinflusst nicht nur auf höchster Ebene den Erfolg der Kooperation mit chinesischen Forschungsinstitutionen oder Unternehmen. Auch bei Konflikten und Missverständnissen, die auf der operativen Ebene eskalieren und nicht mehr gelöst werden können. Der nachstehende Fall zeigt, dass erst die Kommunikation auf passender Hierarchieebene zur Lösung führt.

Beispiel

Die Kooperation mit einem erfahrenen chinesischen und deutschen Forscher läuft seit längerer Zeit sehr erfolgreich. Beide haben einen ähnlichen Hintergrund und ähnliches Standing. Plötzlich kommt es ohne ersichtlichen Grund zu einer Verzögerung im Projekt, was eine kritische Deadline gefährdet. Alle Rückfragen an den chinesischen Kollegen verpuffen oder werden ausweichend beantwortet. Weder persönlicher Druck noch Hilfsangebote bringen den deutschen Wissenschaftler weiter. Er entscheidet sich, die Vorgesetzte seines Kooperationspartners direkt anzusprechen und um Klärung zu bitten. Auf diese Anfragen erhält aber noch nicht einmal eine Antwort. Erst als sich sein eigener Chef einschaltet, wird die Situation zwischen den beiden Führungskräften geklärt und der chinesische Forscher erhält wieder Zugang zu den zuvor belegten Laboren. Da dies außerhalb seines Einflussbereichs lag und er nicht ohne Gesichtsverlust die Veränderungen im Laborbelegungsplan dem deutschen Wissenschaftler hätte „beichten" können, musste der chinesische Forscher seinen deutschen Kollegen hinhalten.

Hier ist gut zu erkennen, dass bei ausstehenden Entscheidungen oder kritischen Deadlines hartnäckiges Stochern oder Belehren auf der Arbeitsebene in der Zusammenarbeit mit chinesischen Wissenschaftlern wenig weiterhilft, weil diesen kulturell betrachtet oft die Hände gebunden sind. Die Entscheidungsgewalt liegt immer beim Vorgesetzten. Andersherum funktioniert es in der chinesischen Kultur. Ein chinesischer Mitarbeiter kann seiner Führungskraft weder widersprechen noch sie belehren. In schwierigen Situationen sollten Sie geduldig bleiben, vorsichtig und gesichtswahrend nachfragen, Hilfe anbieten oder – wenn Sie nicht mehr warten können – Ihren Vorgesetzten einschalten.

▶ **Tipp** Eine erfolgreiche wissenschaftliche Kooperation mit China beginnt auf der Leitungsebene des eigenen Instituts.

Mit Blick auf die Bedeutung von Hierarchie und Status in der chinesischen Kultur, kann es unter Umständen für westliche Wissenschaftler ein kluger Schachzug sein, dem chinesischen Gegenüber das Gefühl zu vermitteln, ein ranghoher Partner zu sein. Es dabei nicht darum, akademische Titel oder Meriten zu erfinden, sondern mit nicht 100 % definierten Positionsbeschreibungen (wie Scientific Project Manager, Head of Research Programme, Senior Researcher) Prozesse zu erleichtern. Dies erlaubt Ihrem chinesischen Partner sagen zu können, dass er mit dem „Head of International Research Programmes" kooperiert. Aber Vorsicht: Es ist „unchinesisch" und verpönt zu sagen: „Ich bin hier der Chef!". Lassen Sie sich von anderen den eigenen Status (das Gesicht) betonen.

Zeitverständnis

Chinesen gehen vieles gleichzeitig an und nehmen Zeit eher zyklisch als linear wahr. Nichtsdestotrotz wird Zeit als sehr wertvoll angesehen. So kommt es, dass in China Pünktlichkeit erwartet und geschätzt wird und gleichzeitig in Projekten, Besprechung oder Verhandlungen bereits Entschiedenes von chinesischen Partnern verschoben, verändert oder komplett verworfen werden kann. Auch, wenn der Vertrag unterschrieben ist, bedeutet das nicht, dass alles in trockenen Tüchern ist. Chinesen sind Pragmatiker und äußerst flexibel. Deadlines, Abläufe oder fest vereinbarte Punkte können kurzfristig geändert oder verschoben werden, wenn das aus chinesischer Sicht notwendig und sinnvoll ist. Selbst eine Entscheidung, die nach langen Verhandlungen gefällt wurde und der beide Partner zugestimmt haben, kann einfach verworfen werden, wenn eine andere Lösung besser erscheint. Dies entspringt dem Wunsch, bessere Lösungen nicht einem einschränkenden Umfeld zu opfern. Interessant in diesem Zusammenhang ist, dass üblicherweise in rein chinesischen Verträgen nichts zum zeitlichen Ablauf steht und es gleichwohl in China langfristige Ziele gibt. In Verhandlungen und Kooperationen erwarten chinesische Kooperationspartner von Ihnen ein hohes Maß an Flexibilität, was dazu führt, dass Sie in allen Kontakten mit China mehr Zeit brauchen, als Sie das von westlichen Partnern gewohnt sind. Geduld, Flexibilität und großzügige Zeitpuffer helfen auf westlicher Seite.

5 Schluss

Vielleicht ist Ihnen bei der Lektüre dieses *essentials* häufiger der Gedanke gekommen, dass es gar nicht so einfach sein wird, die eingangs erwähnte „unvermeidbare Chance“ für wissenschaftliche Kooperationen zu nutzen.

Die Menschen in China bringen im Gepäck ihrer Geschichte viele Besonderheiten und Eigenheiten mit sich. Gleichzeitig schicken sie sich als Nation an, nach der wirtschaftlichen auch wissenschaftliche Großmacht in der momentan westlich dominierten internationalen Gemeinschaft zu werden – das klingt schwer vereinbar und widersprüchlich.

Ziel unseres *essentials* ist es, zu helfen, diesen vermeintlichen Widerspruch aufzulösen, indem wir zeigen wie sich Chinesen in der wissenschaftlichen Zusammenarbeit verhalten und vor allem, warum sie genauso tun, wie sie es tun. Damit verknüpft ist zudem der Wunsch, Ihnen genug Information an die Hand zu geben, damit Sie sich im wissenschaftlichen wie privatem Umgang mit den Menschen dieses vielfältigen Landes neugierig, offen und – mit Blick auf Ihre Kooperation – sicher bewegen können.

Wir hoffen, dass Sie zumindest einen Teil unserer Faszination und Begeisterung für China teilen können und wünschen Ihnen viel Erfolg bei Ihren Kooperationsvorhaben mit dem Reich der Mitte.

B. Hey und M. Lauer, *China-Kompetenz für Wissenschaftler*,
essentials, DOI 10.1007/978-3-658-18544-2_5

Was Sie aus diesem *essential* mitnehmen können:

Wissenschaftliche Kooperationen werden leichter, wenn …

- … Ihr Institut einen exzellenten Ruf hat,
- … es schon Kontakte nach und Kooperationen mit China gab/ gibt,
- … Sie historische und politische Einflüsse berücksichtigen,
- … Sie die Hierarchie Ihrer chinesischen Partnerorganisation kennen,
- … die Leitung Ihres Instituts von Anfang an in die Kooperationsaktivitäten eingebunden ist,
- … Sie zeitlich flexibel und geduldig sind,
- … Sie nicht versuchen, Chinesen „westlich“ zu erziehen,
- … Sie über China-Kompetenz verfügen.

B. Hey und M. Lauer, *China-Kompetenz für Wissenschaftler*,
essentials, DOI 10.1007/978-3-658-18544-2

Literatur

1. Boeing, P. & Mueller, E. (2016). Measuring patent quality and national technological capacity in cross-country comparison. ftp://ftp.zew.de/pub/zew-docs/dp/dp16048.pdf.
2. Bundesministerium für Bildung und Forschung (BMBF). (2015). *China-Strategie des BMBF 2015–2020. Strategischer Rahmen für die Zusammenarbeit mit China in Forschung, Wissenschaft und Bildung*. Bonn: Bundesministerium für Bildung und Forschung. https://www.bmbf.de/pub/China_Strategie_Langfassung.pdf.
3. Elvin, M. (1972). The high-level equilibrium trap: The causes of the decline of invention in the traditional Chinese textile industries. In W. E. Willmott (Hrsg.), *Economic organization in Chinese society* (S. 137–172). Stanford: Stanford University Press.
4. Gesteland, R. (2002). *Cross cultural business behavoir* (3. Aufl.). Kopenhagen: Copenhagen Business School Press.
5. Heilmann, S. (2016). *Das politische System der Volksrepublik China*. Wiesbaden: VS Verlag.
6. Hsü, I. C. Y. (2000). *The rise of modern China* (6. Aufl.). Oxford: Oxford University Press.
7. Huawei, GIGA German Institute of Global and Area Studies, Universität Duisburg-Essen, TNS Emnid. (2016). Deutschland und China. Wahrnehmung und Realität. https://www.tns-emnid.com/studien/pdf/huawei-studie-2016.pdf. Zugegriffen: 29.03.2017.
8. Mercator Institute for China Studies. https://www.merics.de.
9. National People's Congress of China. (2016). China's NPC approves 13th Five-Year Plan. 《中国人大》对外版, Issue 1. http://www.npc.gov.cn/npc/zgrdzz/site1/20160429/0021861abd66188d449902.pdf.
10. Roetz, H. (1995). *Konfuzius*. München: Beck.
11. Scharping, T. (2005). Bevölkerungsgeschichte und Bevölkerungspolitik in China: Ein Überblick. Kölner China-Studien Online. http://www.uni-koeln.de/phil-fak/ostas/moderne/papers/No%202005-3.pdf. Zugegriffen: 29.03.2017.
12. Schein, E. H. (2009). *The corporate culture survival guide. New and rev. edition*. San Francisco: Jossey-Bass.
13. Staiger, B., Friedrich, S., & Schütte, H. W. (2003). *Das große China-Lexikon: Geschichte, Geographie, Gesellschaft, Politik, Wirtschaft, Bildung, Wissenschaft, Kultur*. Darmstadt: Wissenschaftliche Buchgesellschaft.

B. Hey und M. Lauer, *China-Kompetenz für Wissenschaftler*,
essentials, DOI 10.1007/978-3-658-18544-2